Resumo

A obra denominada "O Declínio da Coragem" apresenta um relato autêntico sobre a realidade política do Brasil, especialmente sob o olhar da década de 1990. Narra as experiências de diversos políticos e as situações inaceitáveis que presenciamos através dos meios de comunicação. Era evidente uma teia de intrigas e confrontos entre eles, além de muita corrupção e desvio de verbas públicas. Convido a todos a reviverem um período na política tumultuada, repleto de altos e baixos. Agradeço.

O DECLÍNIO DA CORAGEM

Política no Brasil dos anos 90

O Declínio da Coragem

Emerson Calejon

Published by Emerson Calejon, Sr, 2024.

O DECLÍNIO DA CORAGEM

First edition. May 13, 2024.

ISBN: 979-8224533251

Written by Emerson Calejon.

Resumo

Pare! Diga quem é você, Mesmo com esta máscara eu consigo te ver, Está pela metade e prestes a cair, O povo está cansado e não vai mais de reeleger.

Brigar, é o declínio da coragem. Piora quando o tapa é na cara da própria imagem, Dança, como uma doida desvairada, pisando no Brasil, e livrando seus comparsas. Vive envolvidos em casos de contradição, Quando vai empregar contrata o pai o filho o irmão. Só trabalhará para votar no próprio salário, não tem outra palavra, é uma corja do caralho.

Pare de falar, Estou passando mal, isso é todo dia e em todos os canais. Mas sei que um dia a justiça chegará, O esquadrão de elite não será mais classe A. Abra sua pasta de ações ao portador, Tem pasta de dente, tem pasta de cocaína. Lá se encontra tudo, até os gritos de horror, das crianças mortas nos morros e nas esquinas.

É operação, jararaca e cascavel, A polícia prende, mas ninguém chega a ser réu. Bispo picareta, juiz, filha da P. Nariz de platina, careca de peruca.

Vive envolvidos em casos de contradição. Quando vai empregar contrata o pai, o filho, o irmão. Só trabalhará para votar no próprio salário. Não tem outra palavra, é uma corja do caralho.

CAPÍTULO 1

Introdução: O Contexto Político Brasileiro nos Anos 90

A Transição Democrática

A década de 1990 marcou um período crucial na história política do Brasil, com a transição do regime autoritário para a democracia. O fim da ditadura militar, que perdurou por mais de duas décadas, abriu caminho para a redemocratização do país. Esse processo de transição foi marcado por desafios e conquistas significativas, culminando na promulgação da Constituição de 1988, que estabeleceu as bases para a nova ordem democrática.

Fim da Ditadura Militar

O fim da ditadura militar representou um marco histórico para o Brasil. Após anos de repressão e restrição das liberdades civis, a sociedade brasileira ansiava por mudanças e pela restauração do Estado de Direito. A transição para a democracia foi um processo complexo, envolvendo negociações políticas e a superação de resquícios autoritários.

Redemocratização do Brasil

A redemocratização do Brasil foi um momento de esperança e renovação. A abertura política permitiu a participação de diferentes forças e correntes ideológicas, culminando na realização de eleições livres e na restauração das instituições democráticas. A sociedade brasileira, após anos de repressão, pôde finalmente exercer sua cidadania e participar ativamente do processo político.

Nova Constituição

A promulgação da Constituição de 1988 representou um marco na consolidação do Estado democrático de direito no Brasil. A nova Carta Magna estabeleceu os princípios e diretrizes fundamentais para a organização do Estado, garantindo direitos individuais, sociais e políticos. Além disso, a Constituição de 1988 redefiniu as atribuições dos poderes Executivo, Legislativo e Judiciário, estabelecendo um novo arcabouço institucional para o país.

Cenário Econômico

Além das transformações políticas, os anos 90 também foram marcados por significativas mudanças no cenário econômico brasileiro. O Plano Real, implementado em 1994, representou um marco na estabilização da economia, combatendo a hiperinflação e promovendo a retomada do crescimento sustentável. Paralelamente, o processo de abertura econômica, alinhado com a tendência global de globalização e liberalização, trouxe desafios e oportunidades para o Brasil.

Plano Real

O Plano Real foi uma iniciativa ousada que impactou profundamente a economia brasileira. Ao estabilizar a moeda e controlar a inflação, o plano criou as bases para um ambiente econômico mais previsível e favorável ao investimento. A introdução do real como moeda oficial representou um marco na história monetária do país, trazendo estabilidade e confiança para os agentes econômicos.

Estabilização da Economia

A estabilização da economia promovida pelo Plano Real teve efeitos transformadores na vida dos brasileiros. A redução da inflação e a previsibilidade monetária criaram um ambiente propício para o crescimento econômico, estimulando o consumo, os investimentos e a geração de empregos. A estabilidade proporcionada pelo Plano Real representou um avanço significativo para a economia brasileira.

Abertura Econômica

A abertura econômica, alinhada com a tendência global de integração e liberalização, representou um desafio e uma oportunidade para o Brasil. A inserção do país na economia global trouxe novos horizontes, mas também demandou ajustes e adaptações. A abertura econômica impactou setores produtivos, relações comerciais e a dinâmica do mercado interno.

Globalização e Liberalização Econômica

A globalização e a liberalização econômica redefiniram as relações comerciais e financeiras do Brasil com o mundo. A integração aos fluxos globais de comércio e investimento trouxe novas oportunidades, mas também expôs vulnerabilidades e desafios. O país se viu diante da necessidade de se adaptar a um ambiente econômico cada vez mais interconectado e competitivo.

Movimentos Sociais

Os anos 90 foram marcados pela efervescência de movimentos sociais que reivindicavam mudanças e transformações na sociedade brasileira. A mobilização pela realização de eleições diretas para presidente, conhecida como "Diretas Já", e a participação ativa dos estudantes na luta por direitos foram expressões significativas desse período de efervescência política e social.

Diretas Já

O movimento "Diretas Já" representou um marco na luta pela redemocratização do Brasil. Milhões de brasileiros saíram às ruas em um clamor uníssono por eleições diretas para presidente, reivindicando o direito de escolher democraticamente seus representantes. A mobilização popular foi um exemplo emblemático de engajamento cívico e de exercício da cidadania.

Mobilização pela Eleição Direta para Presidente

A mobilização pela eleição direta para presidente foi um momento de união e esperança para o povo brasileiro. A demanda por eleições livres e diretas refletia o anseio por um país mais democrático e participativo, onde a vontade popular fosse efetivamente respeitada. A luta pela democracia marcou um capítulo fundamental na história política do Brasil.

Movimento Estudantil

O movimento estudantil desempenhou um papel relevante na luta por direitos e na defesa de pautas sociais e educacionais. Os estudantes, como agentes de transformação, foram protagonistas na busca por uma sociedade mais justa e igualitária, contribuindo para a construção de um ambiente político mais plural e inclusivo.

Participação dos Estudantes na Luta por Direitos

A participação ativa dos estudantes na luta por direitos foi um exemplo de engajamento cívico e de consciência social. A defesa da educação, da liberdade de expressão e da igualdade de oportunidades foi uma bandeira levantada pelos jovens, que se uniram em prol de um futuro mais promissor e democrático. O movimento estudantil deixou um legado de mobilização e participação cidadã.

Você Sabia?

O movimento estudantil nos anos 90 foi marcado pela participação ativa dos jovens na luta por direitos, como a defesa da educação, liberdade de expressão e igualdade de oportunidades. Esse engajamento cívico deixou um legado de mobilização e participação cidadã, contribuindo para um futuro mais promissor e democrático.

Corrupção e Crise Política

A década de 1990 também foi marcada por escândalos políticos, casos de corrupção e uma crescente instabilidade política. A revelação de práticas corruptas e nepotismo abalaram a confiança da população nas instituições, gerando uma crise de governabilidade e questionamentos sobre a integridade do sistema político brasileiro.

Escândalos Políticos

Os escândalos políticos que vieram à tona nos anos 90 abalaram as estruturas do poder e expuseram a fragilidade do sistema político brasileiro. Casos de corrupção e nepotismo revelaram práticas condenáveis que minaram a confiança da população nas instituições e nos representantes eleitos.

Casos de Corrupção e Nepotismo

A revelação de casos de corrupção e nepotismo gerou indignação e revolta na sociedade brasileira. O desvio de recursos públicos e o favorecimento de parentes em cargos de poder evidenciaram a existência de práticas condenáveis que comprometiam a lisura e a ética no exercício da função pública.

Instabilidade Política

A instabilidade política decorrente dos escândalos e da crise de governabilidade gerou um ambiente de incerteza e desconfiança. A capacidade do Estado de promover políticas eficazes e de atender às demandas da sociedade foi questionada, abrindo espaço para um período de turbulência e de reavaliação do sistema político vigente.

Crise de Governabilidade

A crise de governabilidade representou um desafio para a estabilidade institucional e para a capacidade do Estado de promover o bem-estar social. A falta de consenso e a dificuldade de articulação política comprometeram a eficácia das ações governamentais, gerando um cenário de impasse e de descontentamento popular

CAPÍTULO 2

Corrupção e Nepotismo: Um Retrato da Política Brasileira

Raízes da Corrupção

A corrupção política no Brasil tem raízes profundas que remontam ao período colonial, onde práticas corruptas já eram observadas nas relações entre os colonizadores e as autoridades locais. A busca por benefícios pessoais em detrimento do bem comum tornou-se uma característica marcante ao longo da história do país, influenciando diretamente a cultura política brasileira.

Histórico de Corrupção

No período colonial, a corrupção estava presente nas relações entre os representantes da Coroa Portuguesa e as autoridades locais, resultando em desvios de recursos, favorecimento de interesses particulares e práticas clientelistas. Essa herança histórica deixou marcas profundas na estrutura política do Brasil, perpetuando-se ao longo dos séculos.

Cultura da Corrupção

A influência de aspectos históricos e culturais contribuiu para a consolidação de uma cultura da corrupção no Brasil, onde o desvio de recursos e o nepotismo são muitas vezes vistos como práticas aceitáveis em determinados círculos políticos. A falta de punição efetiva e a impunidade também reforçam essa cultura, dificultando a erradicação desses comportamentos prejudiciais à sociedade.

Citações Famosas

"A corrupção é o pior dos impostos, porque afeta a confiança." - João Ubaldo Ribeiro

"O nepotismo é uma forma de corrupção que mina a democracia." - Marina Silva

"A corrupção é como uma bola de neve, uma pequena mentira leva a uma grande mentira." - Luís Inácio Lula da Silva

Nepotismo na Política

O nepotismo, caracterizado pelas nomeações de parentes para cargos públicos, é uma prática recorrente na política brasileira. A preferência por indicar familiares para ocupar posições de poder gera impactos significativos na administração pública, comprometendo a eficiência e a meritocracia no serviço governamental.

Indicações Familiares

O nepotismo se manifesta através de nomeações de parentes, muitas vezes sem a devida qualificação, para ocupar cargos estratégicos no governo. Essa prática, além de ferir os princípios da impessoalidade e da moralidade administrativa, contribui para a perpetuação de interesses particulares em detrimento do bem-estar coletivo.

Impactos na Administração

O nepotismo gera ineficiência na administração pública, uma vez que as nomeações baseiam-se em laços familiares em vez de critérios técnicos e de competência. A falta de meritocracia compromete a qualidade dos serviços prestados à população, minando a confiança no Estado e prejudicando o desenvolvimento e a justiça social.

Legislação Anticorrupção

Diante do cenário de corrupção e nepotismo, o Brasil tem buscado implementar leis e regulamentações voltadas para o combate a essas práticas danosas à democracia e ao desenvolvimento do país. No entanto, a efetiva aplicação e fiscalização dessas normas enfrentam desafios significativos, o que impacta a capacidade de coibir a corrupção e o nepotismo na esfera política.

Leis e Regulamentações

A criação de leis de combate à corrupção representa um avanço na tentativa de coibir práticas corruptas e nepotistas. A promulgação de legislações específicas visa estabelecer diretrizes claras e punições para aqueles que desrespeitam as normas éticas e legais no exercício de funções públicas.

Desafios na Implementação

A aplicação efetiva das leis anticorrupção enfrenta obstáculos relacionados à falta de estrutura e recursos para a fiscalização, à morosidade do sistema judiciário e à influência de interesses políticos e econômicos. A superação desses desafios é fundamental para garantir a eficácia das medidas de combate à corrupção e ao nepotismo.

CAPÍTULO 3

A Reeleição e seus Impactos na Corrupção Política

Introdução à Reeleição

A reeleição é um tema que suscita debates acalorados no cenário político brasileiro. A possibilidade de um governante se manter no poder por mais um mandato gera opiniões divergentes e levanta questões sobre a continuidade no exercício do cargo máximo do executivo. Para compreender os impactos da reeleição na corrupção política, é essencial analisar o histórico dessa prática e os argumentos apresentados tanto a favor quanto contra sua implementação.

Histórico da Reeleição

A implementação da reeleição no Brasil representa um marco na história política do país. A possibilidade de um presidente concorrer a um segundo mandato consecutivo foi estabelecida pela Emenda Constitucional nº 16, de 1997, durante o governo de Fernando Henrique Cardoso. Desde então, a reeleição passou a fazer parte do sistema político brasileiro, influenciando diretamente a dinâmica e os rumos das eleições presidenciais.

Argumentos a Favor e Contra

Os defensores da reeleição argumentam que a continuidade de um governo pode proporcionar estabilidade e a conclusão de projetos de longo prazo, além de representar a vontade popular em manter um determinado governante no poder. Por outro lado, os críticos apontam para os riscos de concentração de poder, perpetuação de práticas políticas questionáveis e diminuição da renovação no cenário político, o que poderia prejudicar a alternância de lideranças e a representatividade democrática.

Teste Seu Conhecimento

Qual é um dos argumentos a favor da reeleição de governantes?

1. Proporcionar estabilidade e a conclusão de projetos de longo prazo.
2. Diminuir a renovação no cenário político.
3. Perpetuar práticas políticas questionáveis.
4. Prejudicar a representatividade democrática.

Impactos na Corrupção

A reeleição pode exercer influência significativa na ocorrência e na percepção da corrupção no contexto político. A possibilidade de um governante buscar a continuidade no cargo pode gerar impactos diretos nas práticas corruptas e na ética no exercício do poder.

Perpetuação de Práticas Corruptas

Um dos principais impactos da reeleição na corrupção política está relacionado à possibilidade de uso do cargo para benefício próprio. A busca pela permanência no poder pode motivar ações que visam garantir a manutenção do status quo, mesmo que isso envolva práticas questionáveis e desvios de conduta para assegurar a continuidade no comando do país.

Desgaste Ético

Ao permitir a reeleição, há o risco de um desgaste ético no exercício da responsabilidade política. A busca pela continuidade no poder pode levar a comprometimentos éticos e morais, resultando em decisões que visam mais a manutenção do cargo do que o interesse público. Isso pode contribuir para uma diminuição da responsabilidade política e para uma percepção negativa da atuação governamental.

CAPÍTULO 4

A Impunidade e a Falta de Justiça no Sistema Político

Sistema Judiciário Brasileiro

O sistema judiciário brasileiro é composto por diferentes instâncias e possui a responsabilidade de garantir a aplicação da justiça no país. A estrutura e o funcionamento do judiciário são fundamentais para assegurar a efetividade das leis e a proteção dos direitos dos cidadãos.

Estrutura e Funcionamento

O judiciário brasileiro é dividido em diferentes ramos, como a justiça federal, estadual, do trabalho e eleitoral. Cada um desses ramos possui competências específicas e atua em casos relacionados às suas áreas de atuação. Além disso, o judiciário é responsável por interpretar as leis e garantir a sua aplicação de forma imparcial e justa.

Poderes e Competências do Judiciário

O judiciário detém o poder de julgar conflitos de interesses, aplicar as leis vigentes e zelar pela garantia dos direitos fundamentais. Os magistrados, responsáveis por proferir as decisões judiciais, devem agir de acordo com a Constituição e a legislação brasileira, buscando sempre a justiça e a equidade em suas decisões.

Desafios e Limitações

Apesar da importância do judiciário, o sistema enfrenta desafios significativos que impactam a eficiência e a celeridade na resolução dos processos. A morosidade e o acúmulo de processos são questões que afetam diretamente a capacidade do judiciário de garantir uma justiça rápida e eficaz para a população.

Morosidade e Acúmulo de Processos

A lentidão na tramitação dos processos judiciais é um problema crônico no sistema judiciário brasileiro. A falta de estrutura adequada, a carência de recursos humanos e a complexidade dos casos contribuem para a demora na resolução das demandas, prejudicando a efetividade da justiça.

Foro Privilegiado

O foro privilegiado é uma prerrogativa concedida a determinadas autoridades, especialmente políticos e ocupantes de cargos públicos, que lhes garante o direito de serem julgados por instâncias superiores em casos de crimes comuns. Essa proteção especial tem sido alvo de críticas e questionamentos quanto à sua contribuição para a impunidade e a falta de responsabilização.

Privilégios Políticos

O foro privilegiado confere aos detentores de mandatos eletivos e outras autoridades o direito de serem julgados por tribunais superiores, dificultando a responsabilização por eventuais práticas criminosas. Essa condição privilegiada gera questionamentos sobre a igualdade perante a lei e a efetividade do sistema judicial.

Proteção de Autoridades contra Processos Comuns

Ao garantir que determinadas autoridades sejam julgadas por instâncias superiores, o foro privilegiado cria uma barreira para a responsabilização efetiva, uma vez que os processos se tornam mais complexos e demorados, dificultando a conclusão e a aplicação de penas em casos de crimes comuns.

Impactos na Justiça

O uso do foro privilegiado pode gerar impactos significativos na efetividade do sistema judicial, uma vez que contribui para a dificuldade de responsabilização e para a percepção de impunidade. A proteção conferida por essa prerrogativa pode minar a confiança da sociedade na justiça e na igualdade perante a lei.

Dificuldade de Responsabilização

A existência do foro privilegiado pode criar obstáculos para a responsabilização de autoridades, uma vez que o acesso a instâncias superiores dificulta a conclusão de processos e a aplicação efetiva de penas, contribuindo para a sensação de impunidade e descrença na justiça.

Teste Seu Conhecimento

Responda as perguntas a seguir para testar seu conhecimento sobre o tema abordado no capítulo 4:

1. O que é o foro privilegiado?
2. Quais são os impactos do foro privilegiado na justiça?
3. Por que a existência do foro privilegiado pode contribuir para a sensação de impunidade?

Corrupção no Sistema Judiciário

A corrupção no sistema judiciário representa uma ameaça à efetividade da justiça e à credibilidade das instituições. Casos de corrupção envolvendo magistrados e a falta de transparência na fiscalização e controle das atividades judiciais são questões que demandam atenção e medidas efetivas para garantir a integridade do sistema judicial.

Casos de Corrupção

Escândalos envolvendo magistrados e outros membros do judiciário têm sido objeto de preocupação e investigação, uma vez que a corrupção no sistema judicial compromete a imparcialidade e a justiça das decisões, minando a confiança da sociedade nas instituições responsáveis pela aplicação da lei.

Escândalos Envolvendo Magistrados

A revelação de casos de corrupção que envolvem magistrados e outros membros do judiciário gera impactos significativos na credibilidade das instituições, abalando a confiança da população na imparcialidade e na integridade do sistema judicial.

Falta de Transparência

A transparência na fiscalização e controle das atividades judiciais é fundamental para assegurar a integridade e a imparcialidade do sistema judicial. A falta de transparência e a dificuldade de fiscalização contribuem para a perpetuação de práticas corruptas e para a desconfiança da sociedade nas instituições responsáveis pela aplicação da justiça.

Desafios na Fiscalização e Controle

A ausência de mecanismos efetivos de fiscalização e controle das atividades judiciais representa um desafio para a prevenção e o combate à corrupção no sistema judiciário, demandando a implementação de medidas que promovam a transparência e a integridade das instituições responsáveis pela aplicação da lei.

CAPÍTULO 5

A Relação entre Política e Mídia: Um Retrato da Corrupção na TV

Influência da Mídia na Política

A mídia desempenha um papel fundamental na sociedade contemporânea, influenciando a formação da opinião pública e a percepção dos cidadãos em relação aos assuntos políticos. Através dos meios de comunicação, a população é exposta a informações, análises e debates que moldam sua compreensão sobre os acontecimentos políticos e os atores envolvidos.

Papel da Mídia na Sociedade

A mídia exerce um papel de destaque na sociedade, atuando como um canal de comunicação e informação que conecta os cidadãos aos acontecimentos políticos, sociais e culturais. Além disso, a mídia desempenha um papel educativo ao fornecer análises e contextos que auxiliam na compreensão dos temas em debate.

Formação de Opinião Pública

Através da cobertura jornalística, programas de debate e análises especializadas, a mídia contribui para a formação da opinião pública, influenciando a percepção coletiva sobre questões políticas e os atores envolvidos. A exposição a diferentes pontos de vista e interpretações pode moldar a opinião dos cidadãos e influenciar suas atitudes em relação aos temas em discussão.

Relação entre Políticos e Meios de Comunicação

Os políticos frequentemente buscam utilizar os meios de comunicação como ferramenta para promover suas agendas, divulgar suas realizações e conquistar a simpatia do eleitorado. A relação entre políticos e meios de comunicação pode ser complexa, envolvendo estratégias de comunicação, marketing político e a busca por visibilidade e apoio popular.

Uso da Mídia para Fins Políticos

Os políticos utilizam os meios de comunicação para divulgar suas propostas, defender suas posições e construir uma imagem pública favorável. Através de entrevistas, discursos e aparições em programas de TV, os políticos buscam influenciar a opinião pública e conquistar a confiança dos eleitores.

Você Sabia?

Influência da Mídia na Política

Relação entre Políticos e Meios de Comunicação

Uso da Mídia para Fins Políticos

Os políticos utilizam os meios de comunicação para divulgar suas propostas, defender suas posições e construir uma imagem pública favorável. Através de entrevistas, discursos e aparições em programas de TV, os políticos buscam influenciar a opinião pública e conquistar a confiança dos eleitores.

Cobertura da Corrupção na TV

A corrupção é um tema recorrente na cobertura jornalística e nos programas de TV, sendo frequentemente exposta e analisada pela mídia. A exposição de escândalos políticos e casos de corrupção tem um impacto significativo na percepção da população e na dinâmica política do país.

Escândalos Políticos na Mídia

A mídia desempenha um papel fundamental na exposição de escândalos políticos e casos de corrupção, investigando, reportando e analisando as irregularidades cometidas por autoridades e figuras públicas. A cobertura jornalística desses eventos contribui para a transparência e prestação de contas, além de gerar debates e pressões por medidas de combate à corrupção.

Exposição de Casos de Corrupção

A exposição de casos de corrupção na TV e na mídia em geral tem o potencial de sensibilizar a opinião pública, mobilizar a sociedade civil e influenciar a agenda política. A divulgação de evidências, depoimentos e análises sobre casos de corrupção contribui para a conscientização da população e a demanda por medidas efetivas de combate à corrupção.

Análise Crítica da Cobertura

A cobertura da corrupção na TV nem sempre é isenta de críticas, sendo frequentemente questionada por seu viés, sensacionalismo e abordagens tendenciosas. A análise crítica da cobertura jornalística busca identificar distorções, manipulações e omissões que possam comprometer a objetividade e a veracidade das informações veiculadas.

Viés e Sensacionalismo

O viés e o sensacionalismo na cobertura da corrupção podem distorcer a percepção da população, gerar desinformação e influenciar negativamente o debate público. A análise crítica da cobertura busca identificar e denunciar práticas jornalísticas que comprometam a integridade e a imparcialidade na divulgação de casos de corrupção.

CAPÍTULO 6

A Corrupção e a Violência nos Morros e Esquinas do Brasil
Contexto da Violência Urbana

A realidade dos morros e favelas no Brasil é marcada por desafios sociais e econômicos que contribuem para um ambiente propício à violência. A falta de infraestrutura, acesso limitado a serviços básicos, desemprego e a ausência do Estado em muitas dessas comunidades criam um cenário de vulnerabilidade social, onde a violência se torna uma realidade cotidiana.

A relação entre corrupção e violência se manifesta de forma evidente no tráfico de drogas e na corrupção policial. O tráfico de drogas, muitas vezes, encontra terreno fértil nessas comunidades devido à ausência do Estado e à falta de oportunidades para os jovens, que acabam sendo atraídos por essa atividade ilegal como uma forma de sustento.

Impactos da Corrupção na Segurança Pública

A corrupção tem impactos significativos na segurança pública, especialmente nas áreas mais vulneráveis. A falta de investimento e o desvio de recursos que deveriam ser destinados à segurança pública resultam em uma menor capacidade de atuação das forças policiais, dificultando o combate efetivo à criminalidade e à violência nessas regiões.

Além disso, a corrupção policial mina a confiança da comunidade nas autoridades, criando um ambiente de desconfiança e hostilidade. A população se sente desamparada e muitas vezes vê a polícia como parte do problema, em vez de uma solução para a violência que assola suas comunidades.

CAPÍTULO 7

A Polícia e a Corrupção: Prisões sem Consequências

Corrupção Policial

A corrupção policial é um problema grave que afeta a eficácia das forças de segurança e mina a confiança da população nas instituições responsáveis pela aplicação da lei. O suborno e a conivência com o crime organizado são práticas que comprometem a integridade e a missão da polícia, minando os esforços para combater a criminalidade e garantir a segurança pública.

A relação com o crime organizado cria um ambiente propício para a corrupção policial prosperar. A influência e o poder do crime organizado podem cooptar agentes da lei, comprometendo a imparcialidade e a eficácia das investigações e operações policiais. A conivência com o crime organizado mina a capacidade da polícia de cumprir seu papel de proteger e servir a comunidade, resultando em impunidade e aumento da criminalidade.

Relação com o Crime Organizado

A relação com o crime organizado muitas vezes envolve a troca de favores, informações privilegiadas e até mesmo a participação direta de agentes da lei em atividades criminosas. A corrupção policial mina a credibilidade das instituições de segurança e compromete a confiança da população, resultando em um ciclo vicioso de impunidade e desrespeito à lei.

Impunidade e Falta de Fiscalização

A impunidade e a falta de fiscalização contribuem para a perpetuação da corrupção policial. A ausência de controle interno e a falha na responsabilização dos agentes corruptos minam os esforços para erradicar essa prática prejudicial. A falta de transparência e a ineficácia na aplicação das leis internas contribuem para a sensação de impunidade, minando a confiança da população na polícia e no sistema de justiça.

Pense e Reflita

A Polícia e a Corrupção: Prisões sem Consequências

Corrupção Policial

Impunidade e Falta de Fiscalização

A impunidade e a falta de fiscalização contribuem para a perpetuação da corrupção policial. A ausência de controle interno e a falha na responsabilização dos agentes corruptos minam os esforços para erradicar essa prática prejudicial. A falta de transparência e a ineficácia na aplicação das leis internas contribuem para a sensação de impunidade, minando a confiança da população na polícia e no sistema de justiça.

Desafios na Responsabilização

Os desafios na responsabilização dos agentes corruptos são significativos e refletem obstáculos legais e institucionais que dificultam a investigação e punição dos envolvidos em atos de corrupção policial. A complexidade desses desafios exige um esforço coordenado e abrangente para reformar as práticas e promover a integridade nas forças de segurança.

A dificuldade de investigação é um dos principais obstáculos enfrentados no combate à corrupção policial. A falta de recursos, a pressão e a intimidação por parte de grupos criminosos, bem como a resistência interna, dificultam a coleta de provas e a obtenção de testemunhos confiáveis. Além disso, os obstáculos legais e institucionais muitas vezes limitam a capacidade das autoridades de responsabilizar os agentes corruptos, resultando em impunidade e falta de prestação de contas.

Obstáculos Legais e Institucionais

Os obstáculos legais e institucionais incluem lacunas na legislação, procedimentos burocráticos, falta de autonomia e recursos para as unidades responsáveis pela investigação interna, bem como a influência política e a resistência à mudança dentro das próprias instituições de segurança. Esses desafios dificultam a responsabilização efetiva dos agentes corruptos e minam a credibilidade das forças de segurança.

Falta de Transparência

A falta de transparência nas práticas internas e na prestação de contas contribui para a perpetuação da corrupção policial. A ausência de mecanismos eficazes de monitoramento e fiscalização interna permite que a corrupção se prolifere, minando a confiança da população e comprometendo a legitimidade das instituições de segurança.

CAPÍTULO 8
Religião e Política: O Papel dos Líderes Religiosos na Corrupção Influência Religiosa na Política

Na sociedade brasileira, a influência religiosa desempenha um papel significativo na esfera política. Líderes religiosos, por sua posição de destaque e influência sobre suas comunidades, frequentemente se engajam ativamente na política, buscando representar os interesses e valores de suas respectivas religiões. Esse engajamento político pode se manifestar em apoio a determinados candidatos, partidos ou pautas, muitas vezes influenciando o comportamento eleitoral de seus seguidores.

Além disso, os líderes religiosos exercem um papel de orientação moral e ética, o que pode impactar as decisões políticas e a formulação de políticas públicas. Sua voz é ouvida por milhões de fiéis, conferindo-lhes uma relevância política inegável.

Relação entre Fé e Corrupção

Infelizmente, em alguns casos, a relação entre a fé e a corrupção se torna evidente. A exploração da fé para fins políticos é uma realidade preocupante, onde líderes religiosos utilizam sua influência para obter vantagens pessoais ou para apoiar práticas corruptas. A manipulação da fé e dos valores religiosos em benefício próprio ou de interesses políticos contraria os princípios éticos e morais pregados por essas mesmas lideranças.

Essa exploração da fé para fins políticos pode minar a confiança dos fiéis, comprometendo a integridade das instituições religiosas e gerando descrença nas lideranças espirituais. A utilização indevida da influência religiosa para promover a corrupção representa uma distorção dos princípios fundamentais da religião e da própria política, impactando negativamente a sociedade como um todo.

Escândalos e Corrupção Religiosa

Infelizmente, ao longo da história, casos de desvio de recursos e práticas corruptas envolvendo instituições religiosas e líderes espirituais têm vindo à tona. O uso indevido de doações, dízimos e recursos destinados a obras sociais e religiosas é uma realidade preocupante que abala a confiança dos fiéis e da sociedade em geral.

A falta de prestação de contas e transparência financeira agrava ainda mais a situação, dificultando a fiscalização e o controle sobre o destino e a utilização dos recursos arrecadados. A ausência de mecanismos efetivos de prestação de contas contribui para a perpetuação de práticas corruptas e para a manutenção de um ambiente propício à corrupção dentro do contexto religioso.

CAPÍTULO 9

O Jogo de Interesses: Políticos, Empresários e Corrupção

Relação Política e Empresarial

A relação entre políticos e empresários muitas vezes envolve práticas de lobby e influência política, onde ocorre uma troca de favores e benefícios entre as partes. O lobby, que pode ser realizado por meio de representantes de empresas ou grupos de interesse, busca influenciar as decisões políticas em favor dos interesses empresariais. Em contrapartida, os políticos podem receber apoio financeiro para suas campanhas ou outras vantagens em troca de atender às demandas das empresas.

Além do lobby, a corrupção em contratos públicos é uma prática comum nessa relação. O desvio de verbas e as licitações fraudulentas são meios pelos quais empresários corruptos buscam obter contratos governamentais de forma ilícita, muitas vezes em conluio com agentes públicos corruptos. Essas práticas distorcem a concorrência e prejudicam a eficiência na aplicação dos recursos públicos, impactando diretamente a sociedade.

Impactos Econômicos e Sociais

A relação promíscua entre políticos e empresários tem impactos significativos na economia e na sociedade. A desigualdade e a concentração de poder são agravadas, uma vez que as práticas corruptas favorecem apenas alguns poucos em detrimento da maioria. Empresas que não participam desse jogo de interesses acabam em desvantagem, contribuindo para a perpetuação de um ambiente econômico desigual e injusto.

Além disso, a distorção de políticas públicas em favor de setores privilegiados resulta em prejuízos para os segmentos mais vulneráveis da sociedade. Recursos que deveriam ser destinados a programas sociais, educação, saúde e infraestrutura acabam sendo desviados para beneficiar interesses particulares, ampliando as disparidades e dificultando o desenvolvimento equitativo do país.

CAPÍTULO 10

A Corrupção e a Exploração das Crianças e Jovens

Impactos da Corrupção na Educação

A corrupção no contexto educacional tem impactos significativos na qualidade da educação oferecida às crianças e jovens brasileiros. O desvio de recursos destinados à educação resulta na falta de investimento em infraestrutura escolar, precarizando o ambiente de aprendizado. Escolas sem condições adequadas prejudicam o desenvolvimento intelectual e social dos estudantes, comprometendo seu futuro.

Além disso, a corrupção em programas de assistência, como desvio de benefícios e bolsas, afeta diretamente a capacidade das famílias de garantir uma educação de qualidade para seus filhos. A falta de transparência e fiscalização nesses programas contribui para a exclusão de crianças e jovens de camadas mais vulneráveis da sociedade, negando-lhes o acesso a oportunidades educacionais essenciais.

Trabalho Infantil e Exploração

O trabalho infantil é uma triste realidade que se perpetua em meio à corrupção e ao desrespeito aos direitos das crianças e jovens. A falta de fiscalização e proteção efetiva permite que práticas abusivas, como o trabalho infantil, continuem a privar meninos e meninas de sua infância e educação adequada. A exploração desses jovens os coloca em situações de vulnerabilidade extrema, expondo-os a riscos físicos, emocionais e sociais que impactam diretamente sua saúde e bem-estar.

A vulnerabilidade e exclusão social resultantes da corrupção e da exploração de crianças e jovens têm efeitos profundos em suas vidas. A falta de oportunidades e a negação de seus direitos fundamentais perpetuam um ciclo de desigualdade e injustiça, comprometendo o desenvolvimento saudável e a formação cidadã desses indivíduos.

CAPÍTULO 11

A Corrupção e o Tráfico de Drogas: Uma Realidade Brasileira
Relação entre Corrupção e Tráfico

A relação entre corrupção e tráfico de drogas no Brasil é uma realidade complexa e preocupante. A falta de fiscalização e combate efetivo por parte dos órgãos de controle tem permitido a expansão e consolidação do tráfico em diversas regiões do país. A corrupção em tais órgãos mina os esforços de combate ao tráfico, facilitando as operações ilegais e comprometendo a segurança da população.

A influência do tráfico no poder público também é evidente, com casos de conivência e cumplicidade política sendo frequentemente noticiados. A presença do tráfico de drogas em esferas de poder gera um ambiente propício para a perpetuação das atividades ilícitas, minando a integridade das instituições e comprometendo a eficácia das políticas de segurança.

Impactos Sociais e Econômicos

O tráfico de drogas e a corrupção associada a ele têm impactos significativos na sociedade brasileira, tanto do ponto de vista social quanto econômico. A violência e a criminalidade associadas ao tráfico geram um ambiente de insegurança, afetando diretamente a qualidade de vida das comunidades afetadas. A corrupção contribui para o aumento da violência, uma vez que enfraquece as ações de combate e controle do tráfico, permitindo que organizações criminosas atuem de forma mais agressiva e impune.

Além disso, a desigualdade e exclusão social são agravadas nos locais onde o tráfico de drogas exerce forte influência. Comunidades vulneráveis enfrentam dificuldades adicionais devido à presença do tráfico e à corrupção associada, o que resulta em um ciclo de marginalização e falta de oportunidades para os residentes dessas áreas.

CAPÍTULO 12

A Justiça e a Impunidade: Um Retrato da Ineficácia do Sistema Judicial

Corrupção no Sistema Judicial

A corrupção no sistema judicial brasileiro é um problema que compromete a efetividade da justiça e mina a confiança da população nas instituições. O suborno e a influência política são fatores que impedem a imparcialidade e a celeridade dos processos judiciais. A prática de suborno, seja por parte de indivíduos ou organizações, muitas vezes resulta no impedimento da justiça, onde decisões são tomadas não com base na lei, mas sim em interesses particulares.

Além disso, a influência política em casos judiciais compromete a autonomia do sistema judicial, levando a decisões que não refletem a verdadeira aplicação da lei. A interferência de autoridades e figuras políticas em processos judiciais mina a credibilidade do sistema, gerando desconfiança e descrença por parte da sociedade.

Impedimento da Justiça

O suborno e a influência política representam um sério impedimento para a efetiva administração da justiça. Quando juízes, promotores ou outros funcionários do sistema judicial são subornados, a imparcialidade e a integridade dos processos são comprometidas. Isso resulta em decisões injustas e desalinhadas com os princípios legais, minando a confiança da população na capacidade do sistema judicial de garantir a justiça.

Morosidade e Falta de Transparência

A morosidade nos processos judiciais e a falta de transparência nas decisões contribuem para a ineficácia do sistema judicial. A lentidão na resolução de casos permite que a impunidade prevaleça, desestimulando a denúncia de crimes e perpetuando a sensação de que a lei não se aplica a todos de forma igual. Além disso, a falta de transparência nas decisões judiciais gera desconfiança e alimenta teorias de conspiração, minando a credibilidade do sistema.

Você Sabia?

Corrupção no Sistema Judicial

Morosidade e Falta de Transparência

A morosidade nos processos judiciais e a falta de transparência nas decisões contribuem para a ineficácia do sistema judicial. A lentidão na resolução de casos permite que a impunidade prevaleça, desestimulando a denúncia de crimes e perpetuando a sensação de que a lei não se aplica a todos de forma igual. Além disso, a falta de transparência nas decisões judiciais gera desconfiança e alimenta teorias de conspiração, minando a credibilidade do sistema.

Impunidade e Falta de Responsabilização

A impunidade e a falta de responsabilização no sistema judicial brasileiro são problemas que perpetuam a sensação de injustiça e desamparo por parte das vítimas. Aqueles que detêm poder econômico ou político muitas vezes se beneficiam da impunidade, escapando das consequências de seus atos ilícitos. Isso cria um ambiente onde os poderosos são privilegiados perante a lei, enquanto as vítimas e os menos favorecidos enfrentam obstáculos para obter justiça.

A falta de responsabilização dos poderosos contribui para a perpetuação de práticas corruptas e antiéticas, minando os esforços para promover um sistema judicial justo e imparcial. Além disso, a desamparo das vítimas, muitas vezes devido à falta de acesso à justiça, gera um sentimento de impotência e descrença nas instituições responsáveis pela aplicação da lei.

Benefícios para os Poderosos

A impunidade beneficia os poderosos, criando um ambiente onde a lei é aplicada de forma desigual. Políticos, empresários e figuras influentes muitas vezes escapam das consequências de seus atos, minando a confiança da população no sistema judicial. A percepção de que os poderosos estão acima da lei gera descontentamento e desconfiança, enfraquecendo a legitimidade das instituições responsáveis pela aplicação da justiça.

Desamparo das Vítimas

A falta de acesso à justiça e a morosidade nos processos judiciais deixam as vítimas em um estado de desamparo, onde a busca por justiça se torna uma batalha árdua e muitas vezes infrutífera. A sensação de impunidade dos agressores e infratores gera um ambiente de desconfiança e desesperança, minando a confiança da população no sistema judicial e nas instituições responsáveis pela aplicação da lei.

CAPÍTULO 13
O Papel da Política Externa na Corrupção Nacional
Relações Diplomáticas e Acordos Internacionais

A política externa de um país desempenha um papel crucial na forma como a corrupção se manifesta nacionalmente. As relações diplomáticas e os acordos internacionais muitas vezes refletem os interesses políticos e econômicos das partes envolvidas, e isso pode levar a negociações questionáveis que favorecem determinados grupos ou indivíduos.

A influência de interesses políticos nas relações internacionais pode resultar em acordos que não atendem aos melhores interesses da sociedade, abrindo espaço para práticas corruptas que visam beneficiar apenas alguns poucos em detrimento do bem comum. A falta de transparência nessas negociações pode agravar ainda mais a situação, tornando difícil para a população avaliar os impactos reais desses acordos.

Influência de Interesses Políticos

Os interesses políticos muitas vezes influenciam fortemente as relações diplomáticas e os acordos internacionais. Em alguns casos, líderes políticos podem buscar acordos que lhes garantam benefícios pessoais ou que fortaleçam sua posição no cenário internacional, mesmo que isso represente um comprometimento dos interesses nacionais e da integridade do sistema político.

Negociações questionáveis, realizadas em nome de interesses políticos específicos, podem resultar em acordos desvantajosos para o país e para a população, abrindo portas para práticas corruptas que visam assegurar vantagens indevidas para determinados grupos ou indivíduos. A falta de transparência nessas negociações pode dificultar a identificação e a responsabilização por tais práticas.

Impactos Econômicos e Sociais

A corrupção e a dependência externa estão intrinsecamente ligadas à política externa de um país. Acordos internacionais que são influenciados por interesses políticos e que não são transparentes podem resultar em impactos econômicos e sociais significativos. A dependência excessiva de determinados parceiros comerciais ou a aceitação de condições desfavoráveis em acordos internacionais podem minar a soberania e a autonomia do país, abrindo espaço para práticas corruptas que visam manter ou ampliar essa dependência.

Além disso, a falta de transparência e a influência de interesses políticos em acordos internacionais podem comprometer a capacidade do país de buscar seu desenvolvimento econômico e social de forma autônoma e sustentável, favorecendo apenas alguns poucos em detrimento do bem-estar da população em geral.

Leitura Adicional
O Papel da Política Externa na Corrupção Nacional
Relações Diplomáticas e Acordos Internacionais
Impactos Econômicos e Sociais

A corrupção e a dependência externa estão intrinsecamente ligadas à política externa de um país. Acordos internacionais que são influenciados por interesses políticos e que não são transparentes podem resultar em impactos econômicos e sociais significativos. A dependência excessiva de determinados parceiros comerciais ou a aceitação de condições desfavoráveis em acordos internacionais podem minar a soberania e a autonomia do país, abrindo espaço para práticas corruptas que visam manter ou ampliar essa dependência.

Além disso, a falta de transparência e a influência de interesses políticos em acordos internacionais podem comprometer a capacidade do país de buscar seu desenvolvimento econômico e social de forma autônoma e sustentável, favorecendo apenas alguns poucos em detrimento do bem-estar da população em geral.

Cooperação Internacional e Fiscalização

A cooperação internacional e a fiscalização de acordos desempenham um papel fundamental na prevenção e no combate à corrupção de origem externa. A transparência e a troca de informações entre os países são essenciais para garantir que os acordos internacionais sejam firmados de maneira ética e que os recursos provenientes desses acordos sejam utilizados de forma adequada e em benefício da população.

Transparência e Troca de Informações

A transparência nas negociações e na execução de acordos internacionais é fundamental para garantir que esses acordos atendam aos interesses nacionais e não abram espaço para práticas corruptas. Além disso, a troca de informações entre os países envolvidos nos acordos pode contribuir para a identificação e a prevenção de possíveis irregularidades, fortalecendo a cooperação internacional no combate à corrupção de origem externa.

No entanto, os desafios na fiscalização de acordos internacionais podem dificultar a efetiva transparência e troca de informações, abrindo brechas para práticas corruptas que se aproveitam da falta de controle e supervisão adequados. A complexidade das relações internacionais e a diversidade de interesses em jogo podem tornar a fiscalização desses acordos um desafio, exigindo esforços conjuntos e mecanismos eficazes de cooperação entre os países.

Corrupção e Desvio de Recursos

A corrupção de origem externa pode resultar no desvio de recursos que deveriam ser destinados a projetos de cooperação e desenvolvimento, impactando negativamente a ajuda e a cooperação internacional. A falta de transparência e a influência de interesses políticos em acordos internacionais podem facilitar práticas corruptas que visam desviar recursos para beneficiar apenas alguns poucos, em detrimento dos objetivos originais desses acordos.

Os impactos na ajuda e cooperação internacional podem ser significativos, comprometendo a eficácia e a legitimidade desses esforços e minando a confiança entre os países envolvidos. A corrupção de origem externa pode enfraquecer a capacidade de cooperação internacional para promover o desenvolvimento sustentável e a redução das desigualdades, prejudicando os esforços globais em prol do bem-estar da humanidade.

CAPÍTULO 14

A Corrupção e a Desigualdade Social: Um Retrato do Brasil dos Anos 90

Impactos da Corrupção na Distribuição de Recursos

A corrupção política no Brasil dos anos 90 teve impactos significativos na distribuição de recursos públicos, resultando em desvio de verbas que deveriam ser destinadas a serviços essenciais para a população. O desvio de verbas públicas, por meio de esquemas corruptos e fraudes, causou prejuízos diretos para áreas como saúde, educação, segurança e infraestrutura.

O favorecimento de grupos privilegiados, muitas vezes ligados aos próprios agentes públicos envolvidos em práticas corruptas, contribuiu para o aumento da desigualdade econômica no país. Recursos que deveriam ser utilizados para promover o bem-estar social e reduzir as disparidades foram desviados em benefício de uma minoria, agravando as condições de exclusão e marginalização de parcelas significativas da população.

Exclusão e Marginalização

A corrupção política resultou em um acesso limitado a oportunidades para grande parte da população brasileira. Os obstáculos sociais criados pela corrupção, como a falta de investimento em áreas carentes e a má alocação de recursos, contribuíram para a manutenção de um cenário de exclusão e marginalização.

Além disso, os impactos da corrupção na educação e na saúde agravaram a desigualdade no acesso a serviços básicos. Escolas precárias, falta de profissionais qualificados na saúde, e a ausência de políticas efetivas para combater a pobreza e a vulnerabilidade social foram reflexos diretos da corrupção e contribuíram para acentuar as disparidades sociais no Brasil.

CAPÍTULO 15

A Educação e a Corrupção: Impactos no Desenvolvimento do País

Desvio de Recursos e Qualidade Educacional

A corrupção no sistema educacional brasileiro tem impactos significativos na qualidade da educação e no desenvolvimento do país. A falta de investimento em infraestrutura escolar, muitas vezes decorrente de desvios de recursos, compromete diretamente o aprendizado dos estudantes. Escolas precárias, sem condições adequadas de ensino, prejudicam o desenvolvimento intelectual e social das crianças e jovens.

Além disso, a corrupção em programas de assistência educacional, como a má gestão de verbas destinadas à merenda escolar e material didático, afeta a igualdade de oportunidades. Muitas vezes, os recursos que deveriam beneficiar os alunos mais necessitados são desviados, ampliando as desigualdades e perpetuando um ciclo de exclusão social.

Desvalorização do Profissional da Educação

Os profissionais da educação enfrentam desafios decorrentes da corrupção e da má gestão dos recursos destinados à área. A desvalorização salarial e as condições precárias de trabalho levam à desmotivação e ao êxodo de talentos. Muitos educadores, diante das dificuldades enfrentadas, buscam oportunidades em outras áreas ou até mesmo em outros países, em busca de melhores condições de trabalho e reconhecimento profissional.

Além disso, a presença de nepotismo e corrupção na gestão escolar prejudica diretamente a qualidade do ensino. Nomeações baseadas em favorecimento pessoal em detrimento da competência profissional comprometem a eficiência e a eficácia das instituições de ensino, impactando negativamente a formação dos estudantes.

CAPÍTULO 16

A Saúde Pública e a Corrupção: Consequências para a População Brasileira

Desvio de Verbas e Acesso à Saúde

A corrupção no sistema de saúde pública brasileiro tem impactos significativos no desvio de verbas destinadas à melhoria da infraestrutura hospitalar e no processo de compras e licitações para suprimentos médicos e equipamentos. A má gestão de recursos e a corrupção generalizada afetam diretamente a qualidade e a disponibilidade de serviços de saúde para a população.

Má Gestão de Recursos

A má gestão de recursos resultante da corrupção tem impactos diretos na infraestrutura hospitalar. Verbas que deveriam ser destinadas à construção, manutenção e modernização de hospitais e postos de saúde muitas vezes são desviadas, resultando em instalações precárias, falta de equipamentos adequados e condições inadequadas para o atendimento médico.

Corrupção em Compras e Licitações

A corrupção em processos de compras e licitações para suprimentos médicos e equipamentos leva a prejuízos significativos no atendimento médico. Empresas envolvidas em esquemas de corrupção muitas vezes fornecem produtos e serviços superfaturados ou de qualidade inferior, prejudicando a capacidade do sistema de saúde de oferecer tratamentos eficazes e de qualidade para a população.

Leitura Adicional

A Saúde Pública e a Corrupção: Consequências para a População Brasileira

Desvio de Verbas e Acesso à Saúde

Corrupção em Compras e Licitações

A corrupção em processos de compras e licitações para suprimentos médicos e equipamentos leva a prejuízos significativos no atendimento médico. Empresas envolvidas em esquemas de corrupção muitas vezes fornecem produtos e serviços superfaturados ou de qualidade inferior, prejudicando a capacidade do sistema de saúde de oferecer tratamentos eficazes e de qualidade para a população.

Desigualdade no Acesso a Serviços de Saúde

A corrupção também contribui para a desigualdade no acesso aos serviços de saúde, favorecendo grupos privilegiados e impactando negativamente a saúde da população vulnerável. Além disso, a falta de medicamentos devido à corrupção prejudica o tratamento de doenças e a qualidade de vida de muitos brasileiros.

Favorecimento de Grupos Privilegiados

A corrupção no sistema de saúde muitas vezes resulta no favorecimento de grupos privilegiados, que têm acesso a tratamentos e serviços de saúde de melhor qualidade, enquanto a população vulnerável enfrenta dificuldades para receber atendimento adequado. Isso amplia as disparidades sociais e contribui para a perpetuação da desigualdade no acesso à saúde.

Corrupção e Falta de Medicamentos

A corrupção impacta diretamente a disponibilidade de medicamentos essenciais para o tratamento de doenças, resultando em escassez e falta de acesso a terapias vitais. Isso coloca em risco a saúde e o bem-estar de milhares de brasileiros que dependem do sistema de saúde pública para o tratamento de condições médicas crônicas e agudas.

CAPÍTULO 17

A Corrupção e o Meio Ambiente: Impactos Ambientais da Corrupção Política

Desmatamento e Exploração Descontrolada

O desmatamento e a exploração descontrolada são frequentemente associados à corrupção no licenciamento ambiental. A concessão indevida de licenças para atividades que impactam negativamente os ecossistemas é um reflexo da influência indevida de interesses privados sobre as decisões governamentais. A falta de fiscalização e a conivência de agentes públicos contribuem para a degradação ambiental.

A corrupção em licenciamento ambiental tem impactos significativos na preservação de ecossistemas. Áreas de grande importância ecológica muitas vezes são alvo de atividades predatórias, resultando na perda de biodiversidade e na degradação do solo. A ausência de medidas efetivas de proteção ambiental coloca em risco a sobrevivência de espécies vegetais e animais, comprometendo o equilíbrio ecológico.

Poluição e Contaminação

A corrupção também se manifesta na fiscalização ambiental, onde práticas ilegais são toleradas em troca de vantagens pessoais. A falta de aplicação rigorosa das leis ambientais permite a poluição e contaminação de recursos naturais, como água e ar. Empresas poluidoras muitas vezes desrespeitam os limites estabelecidos, sabendo que a impunidade é uma possibilidade devido à corrupção existente nos órgãos fiscalizadores.

A corrupção em fiscalização ambiental resulta em prejuízos significativos para a qualidade da água e do ar. A contaminação de rios, lagos e lençóis freáticos compromete a disponibilidade de água potável, afetando diretamente a saúde da população e a manutenção dos ecossistemas aquáticos. Da mesma forma, a poluição do ar contribui para problemas respiratórios e impactos negativos na qualidade de vida das pessoas.

Despejo Irregular de Resíduos

O despejo irregular de resíduos é outra consequência da corrupção no âmbito ambiental. Empresas e indivíduos, muitas vezes em conluio com agentes públicos corruptos, descartam de forma inadequada seus resíduos, sem considerar os impactos ambientais e de saúde pública. A falta de fiscalização efetiva e a impunidade contribuem para a perpetuação dessas práticas prejudiciais.

O impacto na saúde da população advindo do despejo irregular de resíduos é significativo. A contaminação do solo e da água por substâncias tóxicas e resíduos químicos representa um risco direto para as comunidades próximas a esses locais. Além disso, a exposição a esses resíduos pode resultar em problemas de saúde crônicos e agudos, afetando a qualidade de vida e o bem-estar das pessoas.

CAPÍTULO 18

A Corrupção e a Economia: Consequências para o Desenvolvimento Econômico

Desvio de Recursos Públicos e Impacto Econômico

A corrupção em contratos públicos tem um impacto significativo nos investimentos em infraestrutura. Quando os recursos públicos são desviados devido a práticas corruptas, os projetos de construção e desenvolvimento são prejudicados. Empresas que oferecem subornos ou participam de esquemas corruptos podem ser favorecidas na obtenção de contratos, resultando em escolhas baseadas em interesses pessoais e não na eficiência ou mérito do projeto.

Além disso, a corrupção em contratos públicos pode levar a atrasos, custos inflacionados e, em alguns casos, à interrupção completa de projetos de infraestrutura. Isso tem um impacto direto no crescimento econômico, uma vez que a infraestrutura é fundamental para o desenvolvimento de um país e para a competitividade de suas indústrias.

Corrupção em Contratos Públicos

A corrupção em contratos públicos pode assumir diversas formas, desde a manipulação de processos de licitação até o pagamento de propinas para garantir a obtenção de contratos. Essas práticas distorcem o mercado e prejudicam a concorrência justa, resultando em escolhas que não refletem necessariamente a melhor opção para o desenvolvimento econômico e social.

Favorecimento de Empresas Corruptas

O favorecimento de empresas corruptas devido a esquemas de corrupção em contratos públicos tem impactos diretos na competitividade e produtividade do setor privado. Empresas que não participam desses esquemas podem ser prejudicadas, resultando em um ambiente de negócios desigual e injusto.

Você Sabia?

Desvio de Recursos Públicos e Impacto Econômico

Favorecimento de Empresas Corruptas

O favorecimento de empresas corruptas devido a esquemas de corrupção em contratos públicos tem impactos diretos na competitividade e produtividade do setor privado. Empresas que não participam desses esquemas podem ser prejudicadas, resultando em um ambiente de negócios desigual e injusto.

Desigualdade e Desequilíbrio Econômico

A corrupção tem um impacto significativo na distribuição de renda, levando a consequências para a pobreza e desigualdade social. A manipulação de políticas econômicas e a alocação injusta de recursos podem agravar as disparidades econômicas, resultando em um desequilíbrio que prejudica o desenvolvimento sustentável e equitativo.

Corrupção e Distribuição de Renda

A corrupção pode influenciar a distribuição de renda de várias maneiras, desde a alocação injusta de benefícios e subsídios até a manipulação de políticas fiscais e tributárias. Isso pode resultar em um aumento da pobreza e na marginalização de certos grupos sociais, minando os esforços para promover a igualdade de oportunidades e o bem-estar social.

Favorecimento de Setores Privilegiados

A corrupção muitas vezes beneficia setores privilegiados da sociedade, resultando em um desequilíbrio econômico que prejudica a mobilidade social e a coesão social. Isso pode levar a um ambiente onde os interesses de poucos prevalecem sobre as necessidades da maioria, minando a estabilidade e o desenvolvimento econômico sustentável.

CAPÍTULO 19

A Corrupção e a Democracia: Desafios para a Consolidação do Regime Democrático

Corrupção e Representatividade Política

A relação entre corrupção e representatividade política é um dos principais desafios para a consolidação do regime democrático no Brasil. A compra de votos e as fraudes eleitorais minam a legitimidade do processo eleitoral, comprometendo a confiança da população nas instituições democráticas.

A prática da compra de votos, por meio de favores, dinheiro ou benefícios, distorce a vontade popular e compromete a liberdade de escolha dos eleitores. Além disso, as fraudes eleitorais, como a manipulação de urnas e a falsificação de resultados, geram desconfiança e descrença no sistema eleitoral, minando a legitimidade das eleições e a representatividade dos eleitos.

Esses problemas afetam diretamente a consolidação da democracia, pois comprometem a essência do processo eleitoral, que deve refletir a vontade soberana do povo. A corrupção no âmbito eleitoral gera um ambiente propício para a perpetuação de interesses particulares em detrimento do bem comum, minando a legitimidade e a efetividade do sistema democrático.

Compra de Votos e Fraudes Eleitorais

A compra de votos e as fraudes eleitorais representam uma ameaça direta à integridade do processo eleitoral. A prática da compra de votos, muitas vezes associada a promessas de benefícios pessoais ou vantagens indevidas, compromete a liberdade de escolha dos eleitores e distorce a representatividade política. Além disso, as fraudes eleitorais, como a manipulação de resultados e a coação de eleitores, minam a confiança no sistema eleitoral e comprometem a legitimidade das eleições.

Essas práticas, além de ferirem os princípios democráticos, geram um ambiente de desigualdade e injustiça, favorecendo interesses particulares em detrimento do bem-estar coletivo. A luta contra a corrupção eleitoral é fundamental para a consolidação de um sistema democrático justo e representativo, que assegure a participação livre e igualitária dos cidadãos no processo político.

Favorecimento de Interesses Particulares

O favorecimento de interesses particulares, muitas vezes associado à corrupção política, representa um desafio significativo para a consolidação do regime democrático. Quando os representantes eleitos priorizam os interesses de grupos específicos em detrimento do bem-estar coletivo, a legitimidade e a efetividade do sistema democrático são comprometidas.

A corrupção política, por meio de acordos e conchavos que privilegiam determinados setores ou empresas, mina a representatividade dos eleitos e distorce a vontade popular. A falta de transparência e a influência indevida de interesses privados no processo decisório enfraquecem a democracia, gerando desigualdades e injustiças que prejudicam o desenvolvimento equitativo da sociedade.

Fatos e Estatísticas Rápidos

- Corrupção e Representatividade Política

Desconfiança nas Instituições Democráticas

A desconfiança nas instituições democráticas, decorrente da corrupção e da falta de transparência, representa um obstáculo significativo para a consolidação do regime democrático. A percepção de descrença na justiça e o favorecimento de grupos de poder minam a efetividade do sistema judicial e comprometem a separação de poderes, pilares fundamentais da democracia.

A corrupção e a descrença na justiça geram um ambiente de impunidade e desigualdade perante a lei, minando a confiança da população nas instituições responsáveis por garantir a igualdade e a justiça. Além disso, o favorecimento de grupos de poder, por meio de influências indevidas e práticas corruptas, compromete a imparcialidade e a independência das instituições, enfraquecendo a democracia e a proteção dos direitos fundamentais.

Corrupção e Descrença na Justiça

A corrupção e a descrença na justiça representam um desafio significativo para a consolidação do regime democrático. A percepção de impunidade e a falta de transparência no sistema judicial minam a confiança da população nas instituições responsáveis por garantir a igualdade e a justiça. A corrupção no âmbito judiciário compromete a efetividade do sistema de justiça, gerando desigualdades e injustiças que minam a credibilidade do Estado de Direito.

A luta contra a corrupção no sistema judicial é fundamental para assegurar a igualdade perante a lei e a proteção dos direitos fundamentais. A transparência, a independência e a imparcialidade das instituições judiciais são pilares essenciais para a consolidação do regime democrático, garantindo a efetividade da justiça e a proteção dos direitos individuais e coletivos.

Favorecimento de Grupos de Poder

O favorecimento de grupos de poder, por meio de influências indevidas e práticas corruptas, compromete a independência e a imparcialidade das instituições democráticas, minando a efetividade do sistema de separação de poderes. A percepção de que determinados grupos detêm influência desproporcional no processo decisório gera desconfiança e descrença na capacidade das instituições de representar os interesses coletivos.

A luta contra a corrupção e o favorecimento de grupos de poder é fundamental para assegurar a igualdade de oportunidades e a representatividade política. A transparência, a equidade e a imparcialidade no exercício do poder são essenciais para a consolidação do regime democrático, garantindo a proteção dos direitos individuais e coletivos e a efetividade das instituições responsáveis por promover o bem-estar comum.

CAPÍTULO 20

Conclusão: Perspectivas para o Combate à Corrupção Política no Brasil

A corrupção política no Brasil representa um desafio significativo para a consolidação da democracia e o desenvolvimento do país. Ao longo deste livro, exploramos as raízes, os impactos e as diversas facetas desse problema complexo. Nesta conclusão, discutiremos as perspectivas para o combate à corrupção política no Brasil, destacando a importância de reformas legislativas e institucionais, bem como a necessidade de educação cívica e conscientização.

Reformas Legislativas e Institucionais

O fortalecimento dos órgãos de controle é fundamental para a efetiva fiscalização e responsabilização daqueles que cometem atos de corrupção. É necessário investir em recursos humanos e tecnológicos, bem como garantir a autonomia e independência dessas instituições. Além disso, a transparência e o acesso à informação devem ser promovidos em todos os níveis do governo, permitindo uma maior prestação de contas e transparência pública.

Fortalecimento dos Órgãos de Controle

O fortalecimento dos órgãos de controle, como o Ministério Público e a Controladoria-Geral da União, é essencial para a eficácia no combate à corrupção. A alocação de recursos adequados, a capacitação de servidores e a modernização dos processos de investigação são passos cruciais nesse sentido. Além disso, a garantia da independência e autonomia dessas instituições é fundamental para que possam atuar de forma imparcial e eficiente.

Transparência e Acesso à Informação

A transparência ativa e passiva, juntamente com o acesso à informação, são pilares para a construção de uma gestão pública mais íntegra e responsável. A divulgação proativa de dados, a abertura de processos decisórios e a disponibilização de informações sobre gastos públicos são medidas que promovem a prestação de contas e a participação cidadã. A implementação efetiva da Lei de Acesso à Informação é um passo crucial nesse sentido.

Teste Seu Conhecimento

Conclusão: Perspectivas para o Combate à Corrupção Política no Brasil

Reformas Legislativas e Institucionais

Transparência e Acesso à Informação

A transparência ativa e passiva, juntamente com o acesso à informação, são pilares para a construção de uma gestão pública mais íntegra e responsável. A divulgação proativa de dados, a abertura de processos decisórios e a disponibilização de informações sobre gastos públicos são medidas que promovem a prestação de contas e a participação cidadã. A implementação efetiva da Lei de Acesso à Informação é um passo crucial nesse sentido.

Educação Cívica e Conscientização

Além das reformas legislativas e institucionais, a promoção da ética e cidadania por meio da educação é essencial para o fortalecimento da democracia e o combate à corrupção. A formação de lideranças íntegras e a conscientização da população sobre seus direitos e deveres são fundamentais para a renovação política e a representatividade efetiva.

Promoção da Ética e Cidadania

A inclusão de temas relacionados à ética, cidadania e combate à corrupção nos currículos escolares é uma estratégia importante para a formação de cidadãos conscientes e atuantes. Além disso, a realização de campanhas educativas e a promoção de debates sobre esses temas contribuem para a construção de uma cultura de integridade e responsabilidade social.

Formação de Lideranças Íntegras

A formação de lideranças políticas íntegras e comprometidas com o interesse público é essencial para a renovação do cenário político. Incentivar a participação de jovens e a diversidade de atores políticos, bem como promover a transparência e a prestação de contas por parte dos representantes eleitos, são passos importantes para a construção de uma política mais ética e responsável.

Chamo-me Emerson Calejon, sou formado em Administração de Empresas, realizo pesquisas e sou autodidata em filosofia clássica e contemporânea. Sou estudante da espiritualidade e ciências humanas, possuo pós-graduação em psicologia existencial e psicanálise e tenho grande apreço pela escrita.

Publiquei um livro intitulado "Um olhar de misericórdia" voltado para a espiritualidade. Atualmente, estou lançando a história de "John River — O último desafio".

O que mais me traz felicidade é saber que sempre teremos novos desafios para enfrentarmos e continuarmos avançando em direção ao nosso progresso.

Agradeço!

"Ainda que eu falasse a língua dos Anjos e dos Homens, sem Amor, eu nada seria."

"Que Deus esteja com Todos."

Editora Home
2024

São Paulo
2024

Don't miss out!

Visit the website below and you can sign up to receive emails whenever Emerson Calejon publishes a new book. There's no charge and no obligation.

https://books2read.com/r/B-A-MZIIB-HQFHD

BOOKS 2 READ

Connecting independent readers to independent writers.